Impressum
Verlag: BABADADA GmbH, Nedderfeld 112 , 22529 Hamburg
Geschäftsführer / Verlagsleitung: Harald Hof
Druck: Books on Demand GmbH, In de Tarpen 42, 22848 Norderstedt

Imprint
Publisher: BABADADA GmbH, Nedderfeld 112 , 22529 Hamburg, Germany
Managing Director / Publishing direction: Harald Hof
Print: Books on Demand GmbH, In de Tarpen 42, 22848 Norderstedt

AF235039

دبستان

escola

classe
پارکرن
dividir
186/2
تەختە
tauler
هەوشا دبستانێ
pati (de l'escola)
مامۆستە
professor
کاخەز
paper
escriure
estilogràfica
ماسە
escriptori
راستەک
regle
پرتووک
llibre
خوەندەکار
estudiant

چەوال

bossa

قووتی نڤیستۆک

estoig

قەلەمرساس

llapis

نڤیستۆک تووژکر

maquineta de fer punta

ژێبر

goma

نڤیسکا نیگارێ

bloc de dibuix

2 دبستان - escola

نیگار

dibuix

فرچەیا رەنگێ

pinzell

قووتی رەنگ

capsa de pintures

مەقەس

tisores

لەزاق

cola

پرتووکا فێربوون

quadern d'exercicis

وەزیفا مالێ

deures

هەژمار

nombre

زێدەکرن

afegir

دەرخستن

sostreure

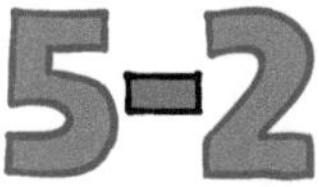

زێدەکرن

multiplicar

هەسباندن

calcular

A

تیپ

lletra

ABCDEFG
HIJKLMN
OPQRSTU
VWXYZ

ئالفابە

alfabet

پەیڤ

mot

نڤیسێ

text

خواندن

llegir

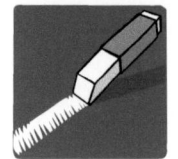

گەچ

guix

دەرس

lliçó

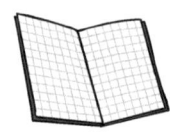

قەیدکرن

llibre de classe

ئیمتیهان

examen

شەهادە

certificat

کنجا دبستانێ

uniforme escolar

پەروەردەهی

formació

زانستنامە

enciclopèdia

زانینگە

universitat

میکرۆسکووپ

microscopi

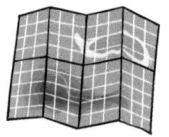

خەریتە

mapa

سەپەتا کاخەزێ

paperera

رێوێتی
viatge

مێڤانخانه
hotel
مێڤانخانه
alberg
ئۆفیسا پەرە ڤەگوهارتنێ
oficina de canvi
maleta
ماشین
automòbil

زمان

llengua

بەلێ / نا

sí / no

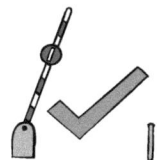

باش

D'acord

سلاڤ

Ey!

وەرگێڕا نڤیسکی

traductora

سپاس

gràcies

بهایێ ... چ قاسە؟

Quant costa... ?

ئەز فام ناکم

No entenc

ئارێشە

problema

ئێڤارباش!

Bona nit!

سپێدی باش!

bon dia!

شەڤ باش!

bona nit!

خاترێ تە

fins aviat

ئالی

direcció

هوورموور

bagatge

چەنتە

bossa

چەنتە پشت

sarrona

مێڤان

convidat

ئۆدە

cambra

جامە خەو

sac de dormir

چادر

tenda

ئاگاگیێن گەرۆکان

....

oficina de turisme

رەخێ ئاڤێ

....

platja

کارتێ قەرزی

....

carta de crèdit

تاشتێ

....

esmorzar

فراڤین

....

dinar

شیڤ

....

sopar

کارت

....

bitllet

ئاسانسۆر

....

ascensor

پوول

....

segell

تخووب

....

frontera

گومرک

....

duana

بالیۆزخانە

....

ambaixada

ڤیزا

....

visat

پاساپۆرت

....

passaport

گوهازتن

transport

vol
گەمی
vaixell
ئەرەبە ئاگرکووژ
automòbil dels bombers
bus
کامیۆن
camió
پاپۆڕا ماتۆرێ
llanxa de motor
دوچەرخە
bicicleta
ماشین
automòbil

پاپۆڕ
....
transbordador

پاپۆڕ
....
barca

مۆتۆرسیکلێت
....
moto

ترمبێلا پۆلیسێ
....
automòbil de policia

ترمبێلا پێشبازیێ
....
automòbil de curses

ئەرەبە کرێگرنێ
....
automòbil de lloguer

ماشین پەرڤەکرن

....

vehicle compartit

کامیۆنا کشاندنێ

....

grua

کامیۆنا خوەلی

....

camió de les escombraries

مۆتۆرسیکلێت

....

motor

مازۆت

....

benzina

ئیستەگەها بەنزینێ

....

benzineria

تابلۆیا ترافیکێ

....

senyal de trànsit

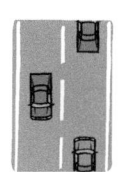

هاتنووچوون

....

trànsit

ترافیک

....

embús

جهێ پارکێ

....

aparcament

راوەستەگا ترێنێ

....

estació de trens

رێچ

....

vies

ترێن

....

tren

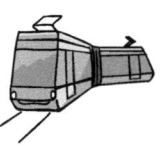

ترێنێ کۆلانێ

....

tramvia

ئەرەبە

....

vagó

بابرۆک

helicòpter

بالافرگمه

aeroport

برج

torre

مسافر

passatger

قووتی

contenidor

قووتی

capsa de cartó

گرگرۆک

carretó

سەلک

cistella

رابوون / نیشتن

enlairar-se / aterrar

بازار

ciutat

گوند

poble

ناڤندا بازاری

centre de la ciutat

خانی

casa

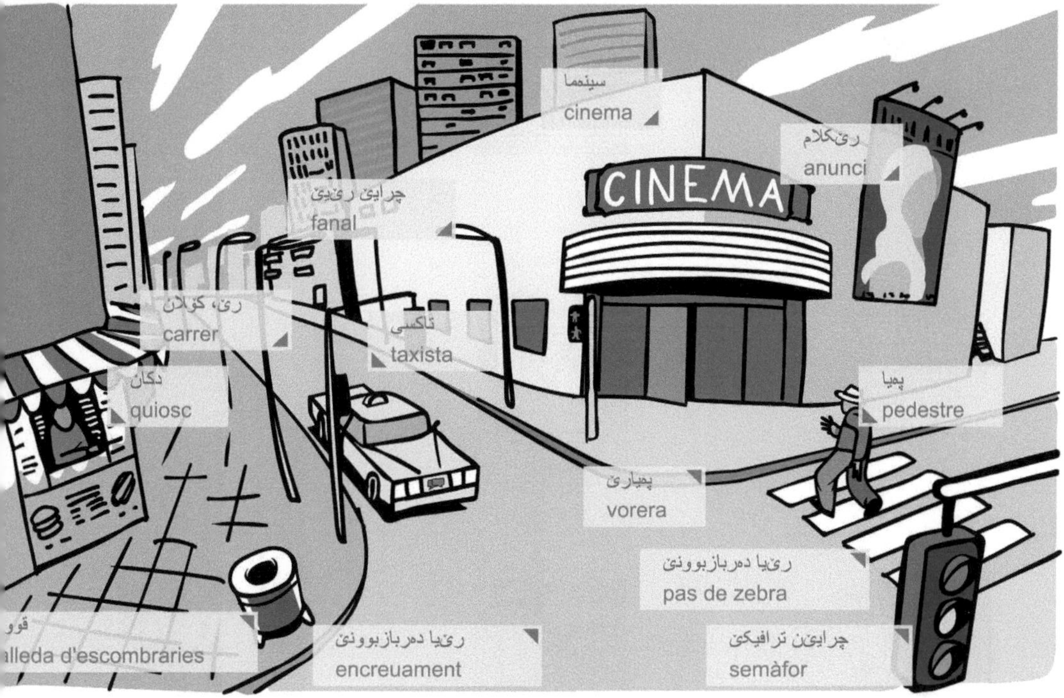

سینەما
cinema

مڵكلانر
anunci

چرای ریی
fanal

ڕێ، کۆڵان
carrer

تاکسی
taxista

دکان
quiosc

پیا
pedestre

پیاری
vorera

ڕێیا دەربازبوونی
pas de zebra

قڵو
alleda d'escombraries

ڕێیا دەربازبوونی
encreuament

چراوێن ترافیکێ
semàfor

کۆخ

cabana

خانی

apartament

راوەستمکا ترێنێ

estació de trens

تەلارا شارەڤانی

casa de la vila-ciutat

مووزەخانە

museu

دبستان

escola

زانینگە
....
universitat

بانک
....
banca

نەخۆشخانە
....
hospital

مێڤانخانە
....
hotel

دەرمانخانە
....
farmàcia

ئۆفیس
....
oficina

کتێبفرۆشی
....
llibreria

دکان
....
botiga

گولفرۆش
....
floristeria

بازار
....
supermercat

بازار
....
mercat

سوپەرمارکەت
....
gran magatzem

ماسیفرۆش
....
peixateria

ناڤەندا کرین
....
centre comercial

بەندەر
....
port

پارک

parc

سەکوو

banc

پر

pont

دەرنجە

escala

ژێر ئەردی

metro

تونێل

túnel

ئیستگەها ئۆتۆبووس

parada d'autobús

بار

bar

خوارنگەه

restaurant

سندووقا پۆستێ

bústia de correu

نیشاندەرکا رێیێ

senyal indicador

مەترا پارکینگێ

parquímetre

باخچا هەیوانان

zoo

هەوزا مەلەڤانی

piscina

مزگەفت

mesquita

جۆتگەه

granja

لەوتاندنا دەردۆر

pol·lució

گۆرستان

cementiri

كەنیسە

església

ئەردێ لەیستنێ

parc infantil

پەرستگەه

temple

تەبیەت

paisatge

گەلا
fulla
نیشاندەرکا رێ
cartell indicador
camí
مێرگ
prat
pedra
دار
arbre
گەرۆک
excursionista
چەم
riu
گیا
gespa
flor

دۆل

vall

گر

muntanya

گۆل

llac

دارستان

bosc

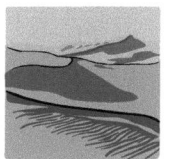

بەیابان

desert

ڤۆلکان

volcà

کەلەه

castell

کەسکەسۆر

arc de Sant Martí

کڤارک

bolet

دارقەسپ

palmera

مخمخک

moscard

مێش

mosca

مێری

formiga

هنگ

abella

پیرێ

aranya

کێزک

escarabat

بەق

granota

سهۆر

esquirol

ژیژۆک

eriçó

کەرگوه

llebre

پەپووک

òliba

چڤیک

ocell

قوو

cigne

بەرازێ کوڤی

senglar

پەزکوڤی

cervo

پەزکوڤی

ant

بەنداڤ

presa

توووربینا با

turbina

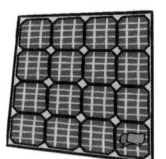

پانەلا خۆرێ

panell solar

ئاڤ و هەوا

clima

خوارنگەه

restaurant

بەرکار
cambrer
menú
کورسی
cadira
شۆربە
sopa
پیزا
pizza
چەتەل و چەمچک
coberts
سفرە
tovalla

خوارنا دەستپێک
....
primer plat

خوارنا سەرەکی
....
plat principal

شیرانی
....
darreries

ڤەخوارنان
....
begudes

خوارن
....
menjar

جام
....
ampolla

خوارنا لەز
....
menjar ràpid

خوارنا رێیێ
....
menjar de carrer

چایدانک
....
tetera

قووتی شەکرێ
....
sucrer

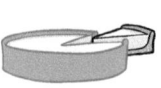

بەش
....
porció

مەکینا چێکرنێ ئەسپرەسسۆ
....
màquina d'espresso

کورسیا بلیند
....
trona

هەساب
....
factura

سێنی
....
plata

کێر
....
ganivet

چەتەل
....
forqueta

کەڤچی
....
cullera

کەڤچیا چای
....
cullereta

پێشگر
....
tovalló

قەدەه
....
got

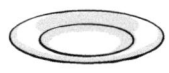

تەیفک
....
plat

تەیفکا شۆربە
....
plat de sopa

پیالە
....
plateret

چێنج
....
salsa

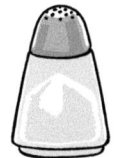

خوێدانک
....
saler

قووتی بیبار
....
molinet de pebre

سێک
....
vinagre

روون
....
oli

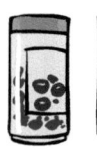

بهارات
....
espècies

کەتچاپ
....
quètxup

موستارد
....
mostassa

مایۆنێز
....
maionesa

بازار

supermercat

پێشکێشێن تایبەت
oferta especial
مشتەری
client
productes lactis
fruites
carret de la compra

قەسابی

carnisseria

دکانا نانپێژ

forn de pa

وەزن کرن

pesar

سەبزە

verdures

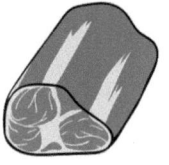

گۆشت

carn

خوارنێ جەمەدی

menjar congelat

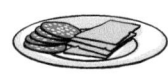

گۆشتێ سار

carn freda

خوارنا پیلێ

conserves

خوبارێ پاقژکرنێ

detergent en pols

شرینی

dolços

بەرهەمێن ناڤخوەیی

articles domèstics

بەرهەمێن پاقژکرنێ

productes de neteja

فرۆشیار

venedora

خەزنۆک

caixa registradora

دراڤگر

caixera

لیستا کڕینێ

llista de la compra

دەمێن ڤەکری

horari d'obertura

جزدان

portamonedes

کارتێ قەرزی

carta de crèdit

چەوال

bossa

چەنتە

bossa de plàstic

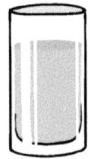

ڤەخوارنان

begudes

ئاڤ

....

aigua

شەربەت

....

suc

شیر

....

llet

کۆمر

....

coca-cola

شەراب

....

vi

بیرا

....

cervesa

ئالکۆل

....

alcohol

کاکوۆ

....

cacau

چای

....

te

قەهوە

....

cafè

ئەسپرەسسۆ

....

espresso

کاپۆچینۆ

....

cappuccino

مۆز

banana

سێف

poma

پرتەقالی

taronja

گوندۆر

síndria

لیمۆن

llimona

گێزەر

pastanaga

سیر

all

قامر

bambú

پیڤاز

ceba

قارچک

bolet

گەویز

avellanes

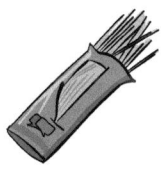

شهیره

fideus

سپاگێتتی

....

espaguetis

برنج

....

arròs

سەلەتە

....

amanida

چیپس

....

patates fregides

پەتەتەیا براشتی

....

patates fregides

پیزا

....

pizza

هامبورگەر

....

hamburguesa

نانۆک

....

entrepà

گۆشتێ ستوویێ بەرخی

....

escalopa

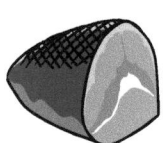

گۆشتێ هشککری

....

cuixot

سالامێ

....

salami

سۆسیس

....

salsitxa

مریشک

....

pollastre

بژارتن

....

rostit

ماسی

....

peix

24 خوارن - menjar

شۆربە بلوول

flocs de civada

مووسلی

musli

کەرتێن گلگلان

cereals

ئارد

farina

جرۆسسانت

croissant

سەموون

panet

نان

pa

تۆست

torrada

نانک

bescuits

نڤیشک

mantega

ماست

mató

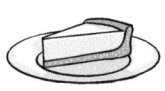

کولیچە

pastís

هێک

ou

هێکا قەلاندی

ou fregit

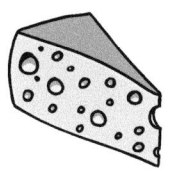

پەنیر

formatge

دۆندرمە

gelat

شەکر

sucre

هنگڤ

mel

مرەبا

melmelada

خامەیا نۆوگات

crema de xocolata

کوڕی

curri

جۆتگەه

granja

granja
کادین
graner
تەپکا پووشێ
bala de palla
زەڤی
camp
هەسپ
cavall
کاروان
remolc
جانی
poltre
تراکتۆر
tractor
کەر
ase
بەران
ovella
بەرخ
xai

بزن

cabra

چێلەک

vaca

گۆلک

vedella

بەراز

porc

خنزیرک

garrí

بۆخە

bou

قاز

oca

مراڤی

ànec

جووچک

poll

مریشک

gall

کەلەشێر

gallina

جرج

rata

کتک

gat

مشک

ratolí

گا

bou

کووچک

gos

خانیا کووچکێ

gossera

خانی باخێ

mànega de regar

قووتیکا ئاڤدانێ

regadora

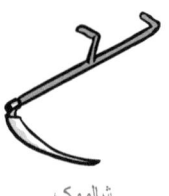

شالووک

dalla

گاسن

arada

28 جۆتگەه - granja

داس

falç

مەربێڕ

aixada

دارساپک

forca

بڤر

destral

دەستگەرە

carretó

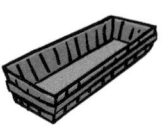

قووتی خوارنا جانداران

abeurador

قووتی شیر

lletera

توور

sac

چەپەر

tanca

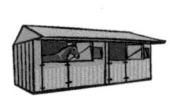

ئاخور

establa

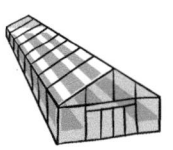

خانا کولیلکان

hivernacle

ئاخ

sòl

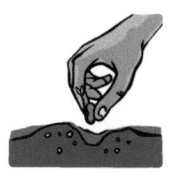

دەندک

llavor

پەین

adob

کۆمباین

collidora

زاد

collir

زاد

collita

پەتەتە

nyam

گەنم

blat

فاسۆلی

soja

پەتەتە

patata

دەخل

blat de moro o d'indi

دندک

colza

داری فێکی

arbre fruiter

سێڤێ بن ئەردی

mandioca

زاد

cereals

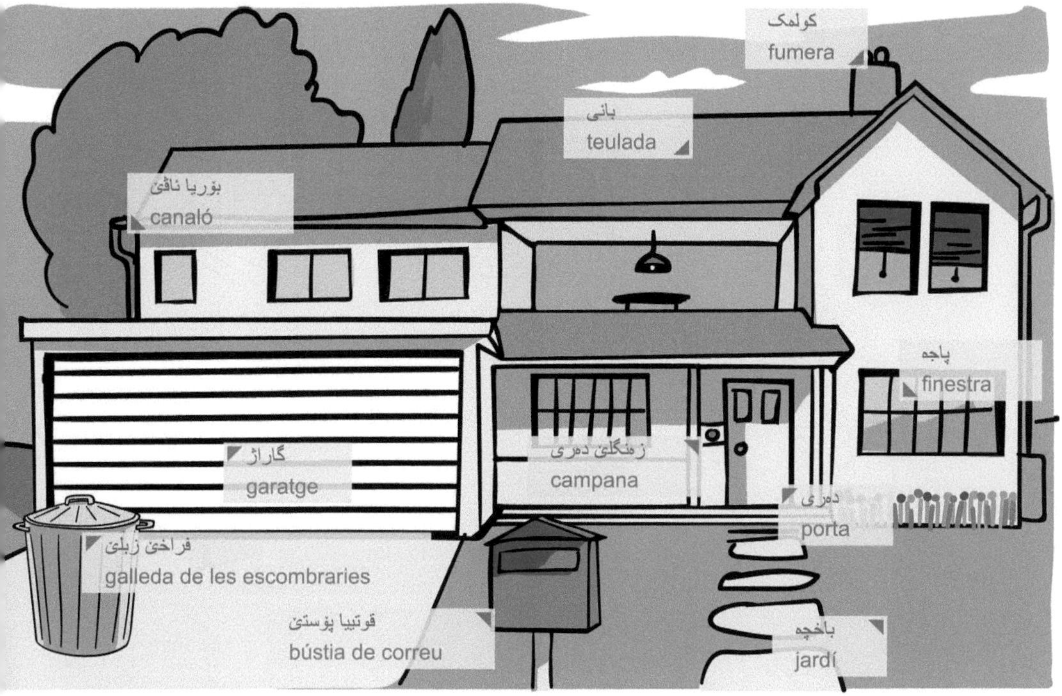

fumera
بانی
teulada
canaló
پاجە
finestra
گاراژ
garatge
زەنگلێ دەرێ
campana
porta
galleda de les escombraries
قوتییا پۆستێ
bústia de correu
jardí

ئۆدا روونشتنێ

sala d'estar

هەمام

bany

مەتبەخ

cuina

ئۆدا خەوێ

cambra de dormir

ئۆدەیا زارۆک

cambra de nen

ئۆدا شیڤێ

menjador

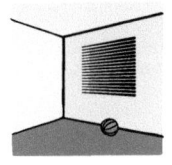

بنی

sòl

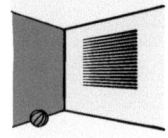

دیوار

paret

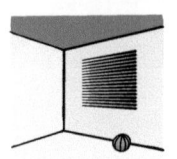

بەربان

sostre

خەنزک

soterrani

ساونا

sauna

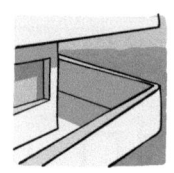

بالکۆن

balcó

بەردانک

terrassa

هەوزا مەلەڤانی

piscina

چیمەن بڕ

tallagespa

مەلهەفە

vànova

بەتانی

cobrellit

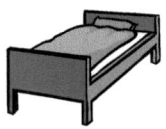

نڤین

llit

گەزک

escombra

ساتل

galleda

کلیل

interruptor

ئۆدا روونشتنێ

sala d'estar

کاخەزێ دیوار
paper de paret
وێنە
quadre
لامپا
làmpada
prestatge
دۆلاب
armari
تەلەفیسیۆن
televisor
ئاگردان
escalfapanxes
flor
سەرین
coixí
قەنەپە
sofà
gerro
کۆنترۆلا دوور
telecomanda

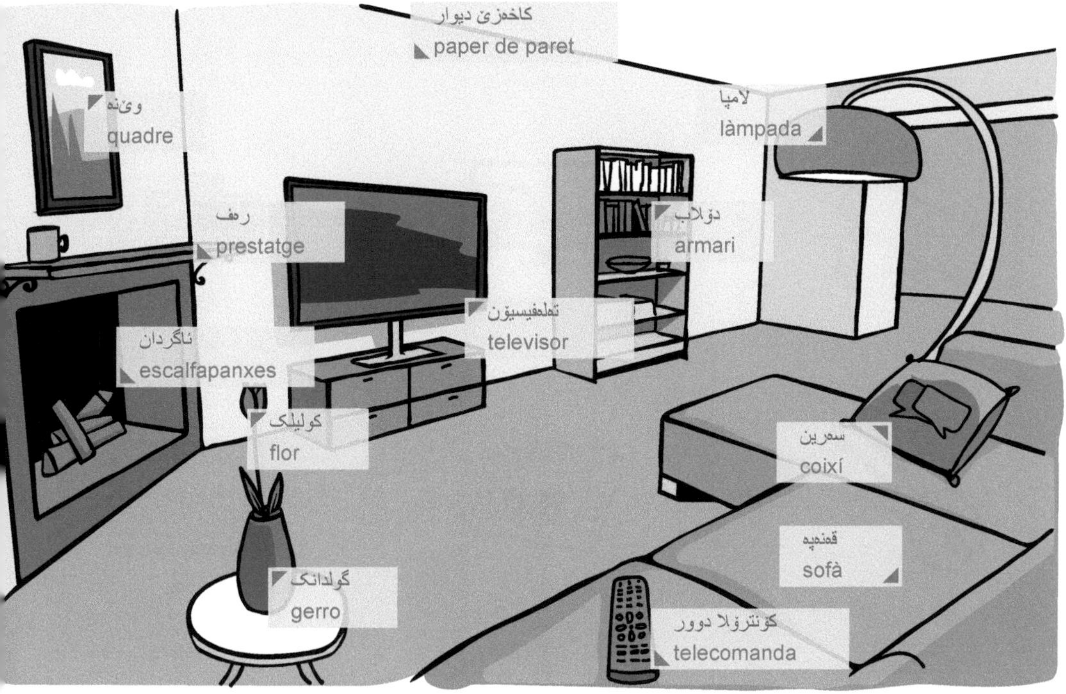

خالیچە

catifa

پەردە

cortina

مێز

taula

کورسی

cadira

کورسیا هەژانۆک

cadira gronxadora

کورسی

cadiral

پرتووک
....
llibre

بەتانی
....
llençol

خەملاندن
....
decoració

ئێزنگ
....
llenya

فیلم
....
film

هـ.ف
....
cadena de música

کلیل
....
clau

رۆژنامە
....
diari

نیگار
....
pintura

پۆستەر
....
cartell

رادیۆ
....
ràdio

دەفتەر
....
bloc de notes

سڤنکا ئەلەکتریکی
....
aspiradora

کاکتووس
....
cactus

مۆم
....
candela

مەتبەخ
cuina

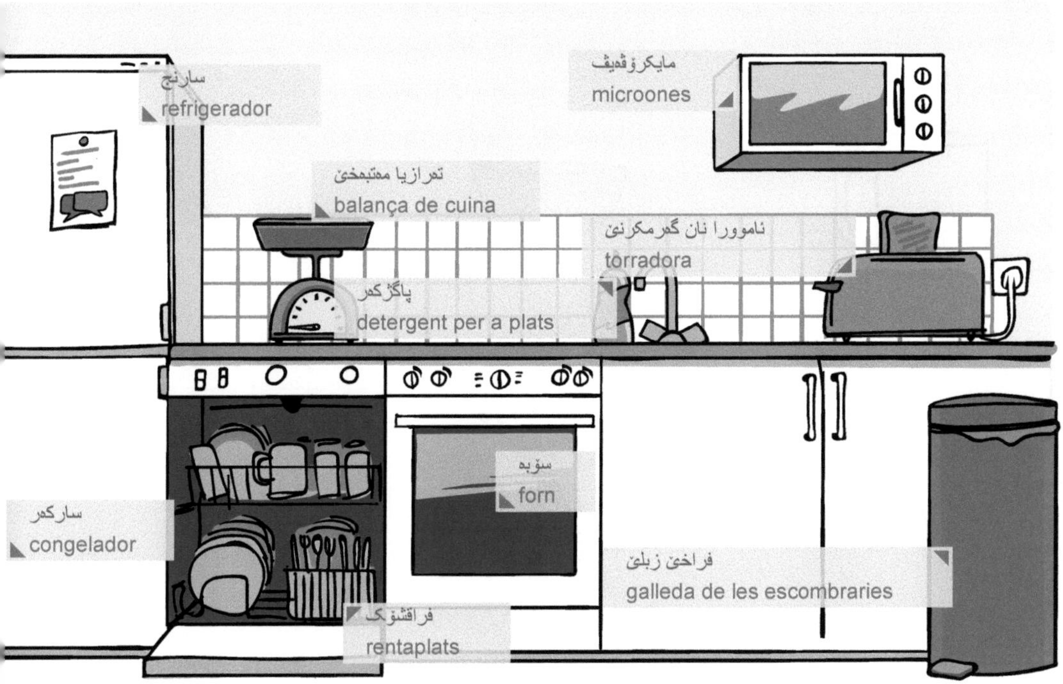

سارنج
refrigerador
مایکرۆڤەیڤ
microones
تەرازیا مەتبەخێ
balança de cuina
ئاموورا نان گەرمکرنێ
torradora
پاگژکەر
detergent per a plats
سۆبە
forn
سارکەر
congelador
galleda de les escombraries
فراقشۆک
rentaplats

سۆبە
cuina de fogons

ئامان
olla

ئامانێ ئووتوو
olla de ferro colat

فراقێ مەزن
wok / karahi

دیزک
paella

کەلینک
bullidor

مەتبەخ - cuina

فراقێ هلمێ

olla de vapor

سێنی نانێ

plata de forn

فراق

vaixella

پیاله

tassa grossa

کاسک

bol

دارێ نانخوارن

bastonets xinesos

هەسک

culler

کەڤچیا مەزن

espàtula

رینمک

batedor

کەفگیر

colador

بێژنگ

sedàs

رێشکەر

ratllador

دەستار

morter

براشتن

barbacoa

ئاگرێ ڤالا

foc a terra

تەختەیا برینێ

taula de tallar

دارکێ تیرێ

corró

دەڤک بادەک

llevataps

قووتی

pot de conserva

قووتیڤەکر

obridor

جاوێ ئامانان

agafador

دەستشۆ

aigüera

فرچە

raspall

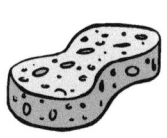

پارازۆا

esponja

تەڤدێر

batedora

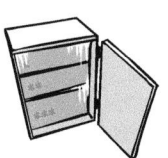

سارکەرێ جەمەدی

congelador

شووشە بەبکان

biberó

هەنەفی

aixeta

هەمام

bany

گەرمژانک
calefacció
خاولی
tovallola
دووش
dutxa
پەردەیا هەمامێ
cortina de dutxa
کەفێ هەمام
bany de bombollles
هەوزا هەمام
banyera
got
جلشۆک
rentadora
ئاجوور
rajoles
هەنەفی
aixeta
توالەتا زارۆکان
orinal
دەستشۆ
aigüera

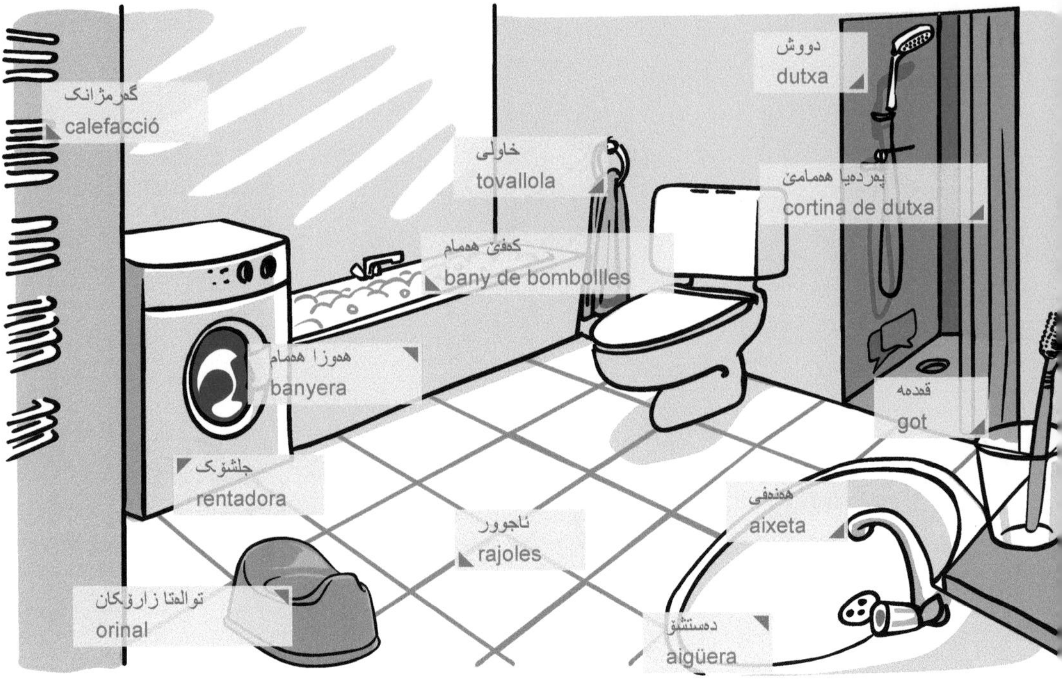

توالەت

lavabo

توالەتا ئەردی

lavabo turc

توالەت

bidet

ئاڤدەستخانا مێران

orinador

کاخەزا توالەت

paper higiènic

فرشەیا توالەت

escombreta de sanitari

38 هەمام - bany

فرچەیا دران

....

raspall de dents

مەجوونا دران

....

pasta de dents

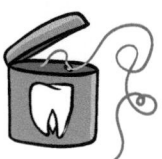

نەخا ددان

....

fil dental

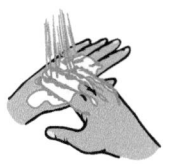

شووشتن

....

rentar

دووشێ دەستێ

....

pom de dutxa

دووش

....

dutxa íntima

دەستشۆ

....

rentamans

فرچا پشت

....

raspall per a l'esquena

سابوون

....

sabó

جێلێ هەمام

....

gel de dutxa

شامپۆ

....

xampú

فانیلە

....

manyopla de bany

زێراب

....

bonera

کرێم

....

crema

بێهن خوەشکر

....

desodorant

مرێک

....

mirall

مرێکا دەستێ

....

mirall-espill de mà

گووزان

....

maquineta de rasar

کەفێ تەراشینێ

....

espuma de barbejar

مەجوونا پشتی تەراشینێ

....

loció post-rasada

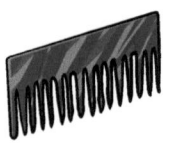

شەه

....

pinta

فرچە

....

raspall

پۆر هیشککر

....

eixugador

سپرایا پۆرێ

....

laca

کۆزمەتیک

....

maquillatge

سۆراڤک

....

pintallavis

رەنگێ نینۆک

....

esmalt d'ungles

پەمبوو

....

cotó

مەقەستا نینۆک

....

tallaungles

پارفووم

....

perfum

چەوالێ هەمامێ

....

estoig de bellesa

کورسیا بێپشت

....

tamboret

تەرازی

....

bàscula

کنجا هەمامێ

....

barnús

لەپکا لاستیکێ

....

guants de goma

تامپۆن

....

compresa higiènica

خاولیا پاقژکرنێ

....

compresa

توالەتا کیمییەوی

....

sanitari químic

ئۆدەیا زارۆک

cambra de nen

لیستۆک
ماشینا لیستۆک
auto de joguina
خشخشۆک
sonall
مالا لیستۆک
casa de nines
خەلات
present

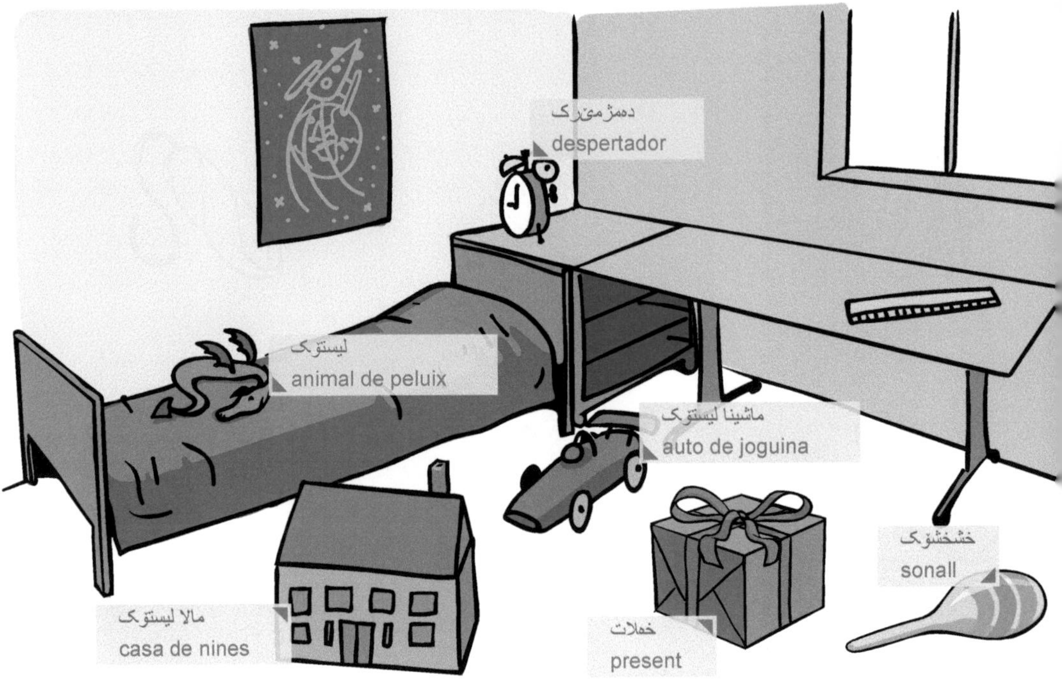

پفدانک

baló

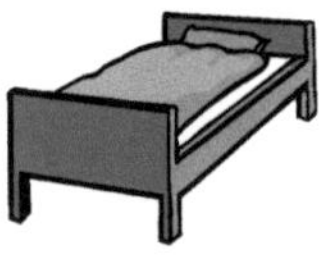

نڤین

llit

کۆچک

cotxet per a nens

لیستکا کارتێ

joc de cartes

فریزبی

trencaclosca

کۆمیک

historieta

ئاجوورا لێگۆ

peces de lego

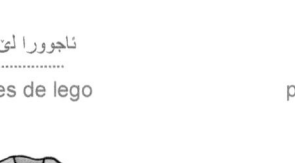

ئاجوورا لیستۆک

peces de construcció

بووکە شووشە

ninot d'acció

کنجا بەبکان

granota

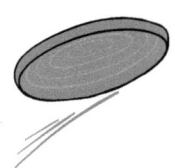

فرزبێ

frisbee

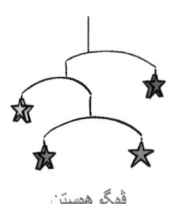

ڤەگوهەستن

mòbil per a bressol

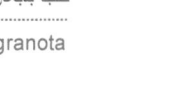

لیستکێن تەختە

joc de taula

مۆر

daus

مۆدێلا ترێنێ

tren elèctric

مەمک

xumet

جەژن

festa

کتێبا وێنە

llibre de dibuixos

تۆپ

pilota

بووکە شووشە

nina

لەیستن

jugar

کونا خیزێ

sorrera

جۆلانە

gronxador

لیستۆکان

joguines

لیستکا ڤیدەۆیی

consola de jocs de vídeo

سێچەرخە

tricicle

هرچا لیستۆک

osset de peluix

جلدانک

armari

کنج

roba

گۆرە

mitjons

گۆرە

mitges

دەرپێگۆرێ

mitja pantaló

شال
tapacoll

چەتر
paraigua

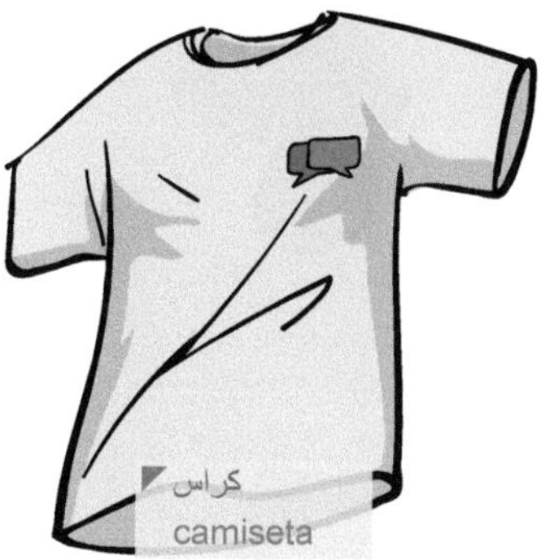

کراس
camiseta

قایش
cintura

شمەکال
botes

سۆلکێ ناڤ مالێ
plantofes

سۆلک
sabates d'esport

سۆلک
sandàlies

سۆل
sabates

پۆتینا چەرمێ
botes de goma

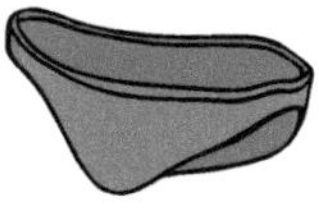

پانتۆلێ ژێر
calçonets

پێسیربەند
sostenidor

چمکبەند
guardapits

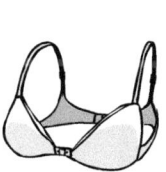

جەندەک
....
jjustacòs

پانتۆل
....
pantalons

ژەانس
....
jeans

دامان
....
faldeta

کراس
....
brusa

کراس
....
camisa

فانێلە
....
jersei

فانێلە
....
dessuadora

جاکێت
....
blazer

ساکۆ
....
jaqueta

چاکەت
....
mantell

بارانی
....
impermeable

لەباس
....
vestit de dona

فیستان
....
vestit de dona

جلێ داوەتێ
....
vestit de núvia

چاکێت

vestit d'home

پێجامە

camisa de dormir

پێجامە

pijama

ساری

sari

لەچک

mocador de cap

مێزەر

turbant

هێرام

burca

كافتان

caftan

ئەبا

abaia

کنجا ئاژنێکرن

vestit de bany

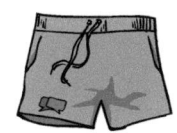

جلکا مەلەڤانی

calçon(et)s de bany

شۆرت

pantalons curts

جلا هێڤۆژکاری

xandall

پێشمال

davantal

لەپک

guants

دووگمە

botó

بەرچاڤک

ulleres

بازن

braçalet

گەردەنی

collaret

گوستیل

anell

گوهارک

orellera

دەڤک

casquet

هلاڤستەک

penjador

کووم

capell

کراوات

corbata

زیپ

cremallera

سەرپارێز

casc

دەرزی

elàstics

کنجا دبستانێ

uniforme escolar

یوونیفۆرم

uniforme

بەردلک
pitet

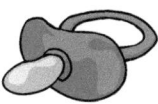

مەمک
xumet

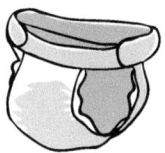

پونداخ
bolquer

ئۆفیس
oficina

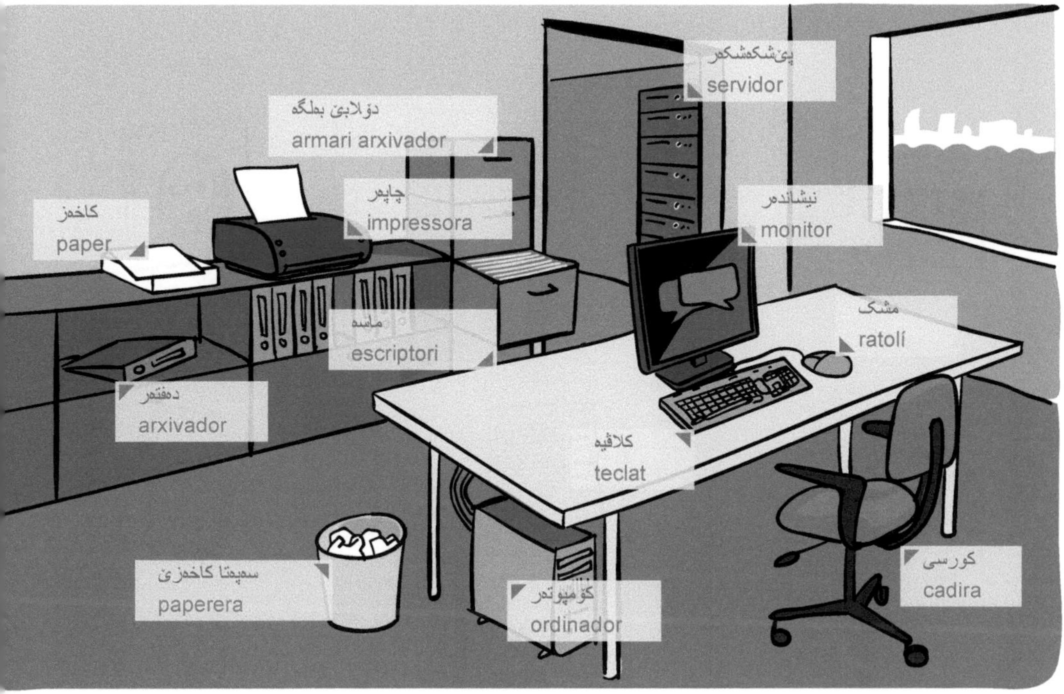

پێشکەشکەر
servidor
دۆلابێ بەلگە
armari arxivador
چاپەر
impressora
کاخەز
paper
نیشاندەر
monitor
ماسە
escriptori
مشک
ratolí
دەفتەر
arxivador
teclat
سەبەتا کاخەزێ
paperera
کۆمپیوتەر
ordinador
کورسی
cadira

کاسکا قەهوە
tassa de cafè

هەسابکەر
calculadora

ئینتەرنەت
Internet

كۆمپيوتەرا لاپتۆپ

....

ordinador portàtil

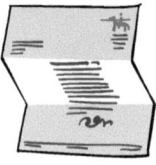

نامە

....

lletra

پەيام

....

missatge

تەلەفۆنا مۆبيل

....

mòbil

تۆر

....

xarxa

مەكينا فۆتۆكۆپيى

....

fotocopiadora

سۆفتوارە

....

programari

تەلەفۆن

....

telèfon

سۆجكەتا فيشەك

....

presa de corrent

مەكينا فاخۆ

....

fax

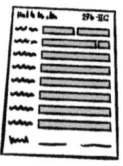

فۆرم

....

formulari

بەلگە

....

document

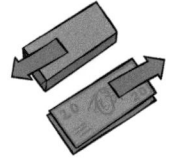

کرین

comprar

پەرە دان

pagar

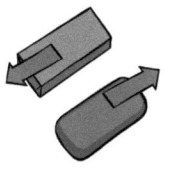

بازرگانی

comerciar

پەرە

diners

دۆلار

dòlar

یۆرۆ

euro

یەنی ژاپۆنی

ien

رۆبلی رووسی

ruble

فرانکی سویسی

franc suís

یوانی چینی

renminbi

رووپی هندی

rupia

مەکینا ژخوەبەرا دراڤ

caixa automàtica

ئۆفیسا پەرە ڤەگوهارتنێ

oficina de canvi

زێڕ

or

زیڤ

argent

نەفت

petroli

وزە

energia

بها

preu

پەیمان

contracte

تاخ

impost

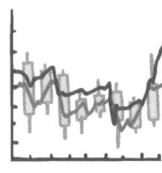

سەهام

acció

کارکرن

treballar

کارکەر

treballador

کاردا

empresari

فابریکا

fàbrica

دکان

botiga

oficis

پۆلیس
oficial de policia
ئاگرکوژ
bomber
cuiner
بژیشک
doctora
فرۆکەڤان
pilot

باخچەڤان

jardiner

نەجار

fuster

دروونڤان

costurera

هاکم

jutge

شیمیازان

química

شانۆگەر

actor

شوفێرێ باسێ

conductor d'autobús

شوفێرەکی تاکسیێ

taxista

ماسیڤان

pescador

پاگژکەر

dona de la neteja

چێکرێ بانی

ensostrador

بەرکار

cambrer

نێچرڤان

caçador

رەنگرێس

pintor

نانپێژ

forner

کارەباڤان

electricista

ئاڤاکەر

obrer de la construcció

ئەندەزیار

enginyer

قەساب

carnisser

لوولەکار

llanterner

پۆستەڤان

correu

ئەسکەر

soldat

میمار

arquitecte

دراڤگر

caixera

فرۆتکارا چیچەکان

florista

پۆرچێکەر

perruquer

ئاژۆڤان

revisor

مەکانیک

mecànic

کەشتیڤان

capità

پزیشکا ددانان

dentista

زانستیار

científic

رووهان

rabí

ئیمام

imam

کەشە

monjo

کەشیش

capellà

ئامووران

eines

چەکووچ
martell
مووچینگ
tenalles
descaragolador
دارا چرا
llanterna
clau anglesa

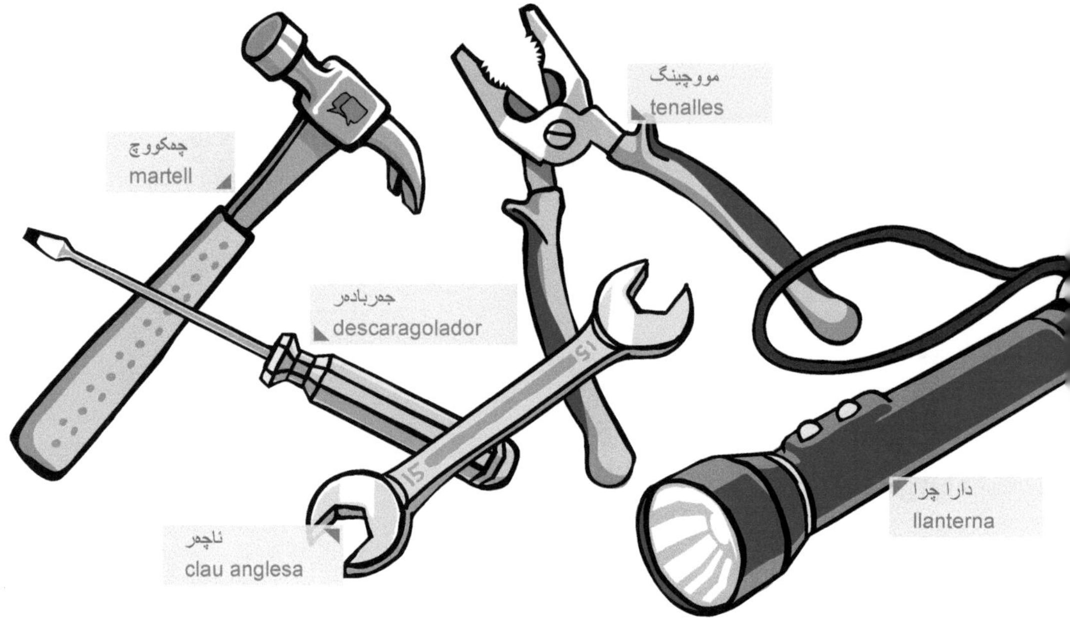

شۆفەل

excavadora

قووتیا ئامووران

caixa d'eines

پەیژە

escala

مشار

serra

میخ

claus

قولکرن

trepant

چێکرن

reparar

مەربێڕ

pala

نالەت!

Maleït siga!

بێل

pala

قووتیا رەنگێ

pot de pintura

جەڕ

caragols

ئامووری مووزیکێ

instrument de música

بلیندگۆ
altaveu
کۆمێ دەهۆل
bateria
گیتار
guitarra
جۆرەیا گیتار
contrabaix
زرنا
trompeta

پیانۆ

piano

ڤیۆلین

violí

باس

baix

دەهۆل

timbal

داهۆل

tambor

کەیبۆارد

teclat

ساکسۆفۆن

saxofon

بلوور

flauta

میکرۆفۆن

micròfon

58 ئاموورێن مووزیکێ - instrument de música

باخچا هەیوانان

ZOO

پلنگ
tigre
قەفەس
gàbia
کەرێ چیا
zebra
خوارنا هەیوان
aliment per a animals
entrada
پاندا
ós panda

هەیوان

animals

فیل

elefant

کانگاروو

cangurú

کەرکەدەن

rinoceront

گۆریل

goril·la

هرچ

ós

هێشتر

camell

هێشترمه

estruç

شێر

lleó

مەیموون

simi

فلامینگۆ

flamenc

پاپاخان

papagai

هرچا جەمسەری

ós polar

پەنگوین

pingüí

سەماسی

ca mari

تاووس

paó

مار

serp

تمساه

cocodril

پارێزەرا باخچا ئاژالان

guardià del zoo

سەیا دەریا

foca

پلنگ

jaguar

هەسپ

poni

پڵنگ

lleopard

هەسپێ رووبار

hipopòtam

جانهێ‌شتر

girafa

هەلۆ

àliga

بەرازێ کۆڤی

senglar

ماسی

peix

کووسی

tortuga

والراس

morsa

رۆڤی

guineu

خەزال

gasela

فووتبۆلى ئامېریكا
futbol americà

بىسكلېتان
ciclisme

تېنیس
tenis

باسكېتبۆل
bàsquet

ئاۋۇ مېنیكرن
natació

بۆخنگ
boxa

ھۆكېیا سەر جەمەدێ
hoquei sobre gel

فووتبۆل
futbol americà

بادمنتۆن
bàdminton

یێ ناتلەتیزمێ
atletisme

ھەندبۆل
handbol

بەفراژۆتن
esquí

پۆلۆ
polo

کەنین
riure

هەلپەکە
saltar

هەمبێز
abraçar

بریۆۆهچوون
anar

لاوژه گوتن
cantar

خەون دیتن
somiar

نمێژ کرن
pregar

ماچکرن
fer un petó

نڤیساندن
escriure

نیگار کئشان
dibuixar

نیشان دان
mostrar

پالدان
pitjar

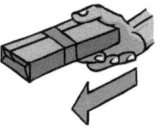

دایین
donar

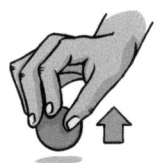

راکرن
prendre

هەمبێن

tenir

کرن

fer

بوون

ésser

سەکنین

estar dret

بازدان

córrer

کشاندن

estirar

ئاڤێتن

llançar

کەتن

caure

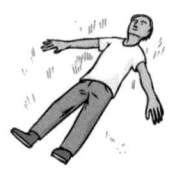

دەرەو کرن

jeure

سەکنین

esperar

گوهێزتن

portar

روونشتن

asseure's

جل بەرکرن

vestir-se

رازان

dormir

رابوون

despertar-se

مێزە کرن

mirar

گرین

plorar

جەلتە

amoixar

شە کرن

pentinar

پەیڤین

parlar

فامکرن

comprendre

پرسکرن

demanar

بهیستن

escoltar

ڤەخوارن

beure

خوارن

menjar

کۆم کرن

endreçar

هەزکرن

estimar

خوارن چێکرن

cuinar

ئاژۆتن

conduir

فڕین

volar

کەشتیڤانی

....

navegar

هەسباندن

....

calcular

خواندن

....

llegir

هینبوون

....

aprendre

کارکرن

....

treballar

زەوجین

....

casar-se

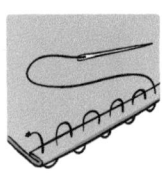

درووتن

....

cosir

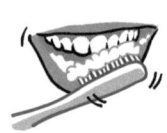

ددان شووتن

....

raspallar-se les dents

کوشتن

....

matar

دووخان

....

fumar

شاندن

....

enviar

داپیر
àvia
باپیر
avi
pare
mare
nadó
کەچ
filla
کور
fill

مێڤان

convidat

مەت

tia

ئاپ/خال

oncle

برا

germà

خوشل

germana

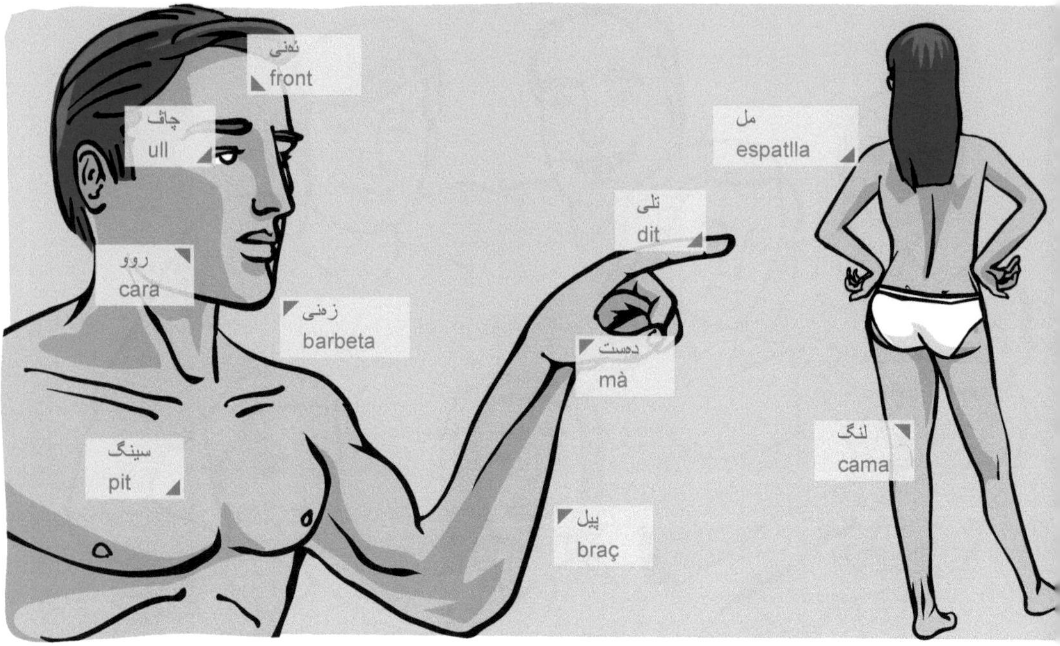

ئەنی
front
ull
مل
espatlla
تلی
dit
روو
cara
زەنی
barbeta
دەست
mà
سینگ
pit
لنگ
cama
پیل
braç

بەبەک

nadó

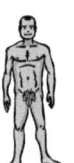

مێر

home

ژن

dona

کچ

noia

کۆر

noi

سەر

cap

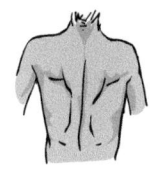

پشت

esquena

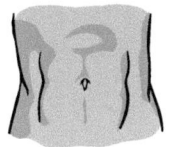

زک

panxa

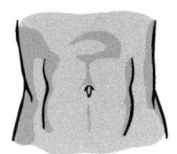

ناڤک

melic

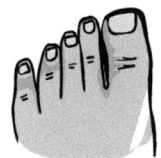

تلییا پێ

dit gros del peu

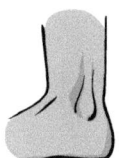

پانی

taló

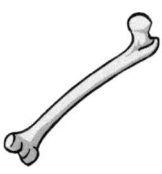

هەستی

os

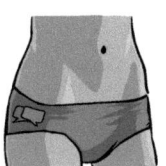

کوولیمەک

maluc

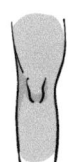

ژوونی

genoll

ئەنیشک

colze

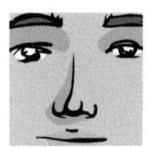

دفن

nas

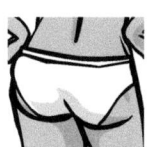

قوون

cul

چەرم

pell

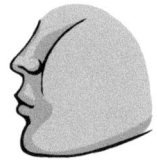

روو

galta

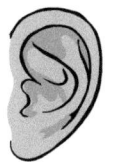

گووه

orella

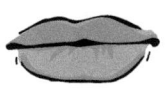

لێڤ

llavi

دەڤ

boca

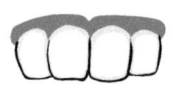

دران

dent

زمان

llengua

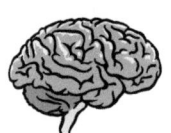

مێژی

cervell

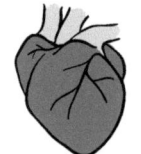

دل

cor

ماسوول

múscul

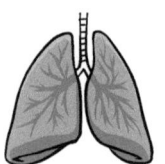

جیگەرا سپی

pulmó

جەگەر

fetge

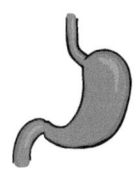

مادە

estómac

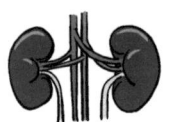

گوورچکان

ronyó

جۆتبوون

relació sexual

کۆندۆم

preservatiu

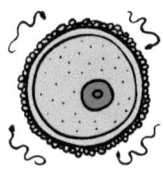

هێک

ovari

تۆڤ

semen

دووجانی

prenyat

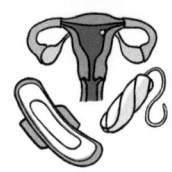

ناده

menstruació

قووز

vagina

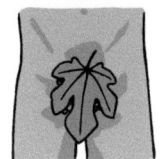

کیر

penis

بروو

cella

پۆر

cabells

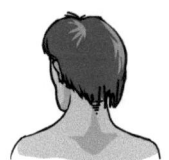

هووستوو

coll

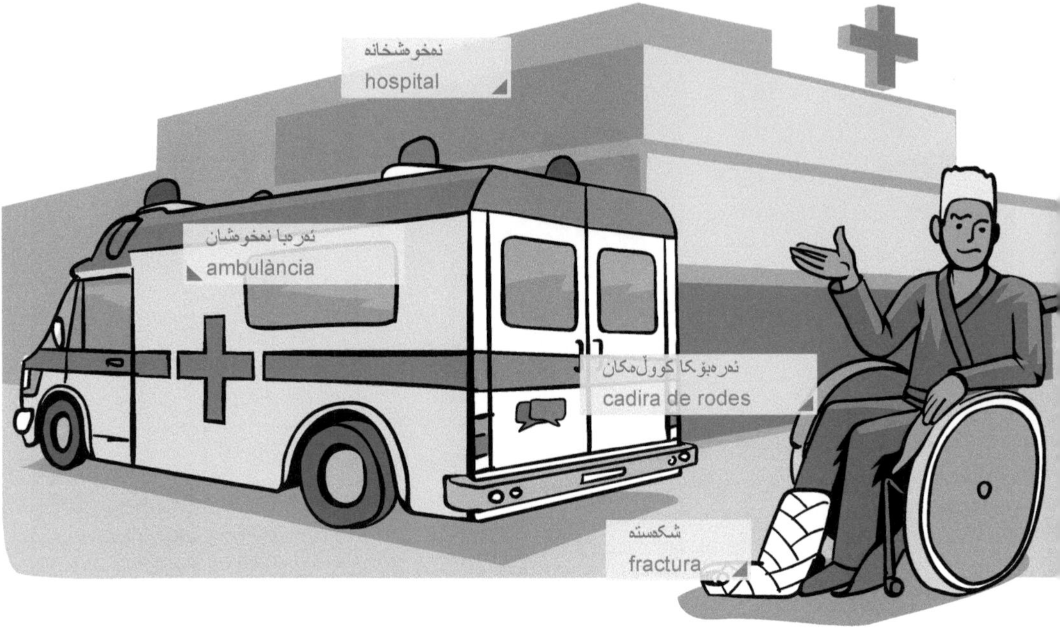

نەخوەشخانە

hospital

نەخوەشخانە
ئەرەبا نەخوەشان
ambulància
ئەرەبۆکا کوولەکان
cadira de rodes
شکەستە
fractura

بژیشک

doctora

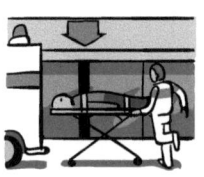

ئۆدا لەزگینێ

sala d'urgències

نەخوەشیار

infermera

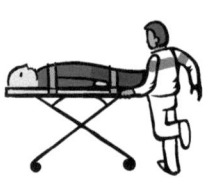

ئاجیلییەت

urgència

بێهای

inconscient

ئێش

dolor

برین

ferida

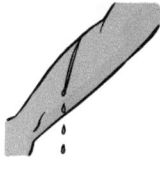

خوینپژان

sagnament

هێرشا دلی

atac de cor

جەلتە

apoplexia

ئالەرژی

al·lèrgia

کوخک

tos

تا

febre

زکام

gripa

ناڤچووین

diarrea

سەرێش

mal de cap

قانسێر

càncer

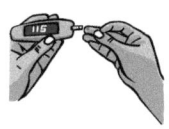

نەخوەشیا شەکرێ

diabetis

ئەمەلیکار

cirurgià

سکالپێل

escalpel

ئەمەلی

operació

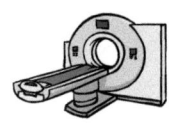

جتَ
....
tomografia computada (TC),
TAC

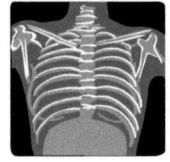

سوورەتئ رۆنتگەنن
....
raigs x

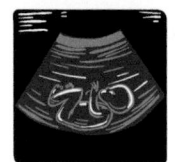

ئوولتراساوند
....
ultrasò

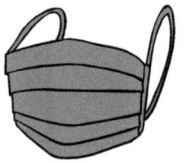

ماسکئ رووییئ
....
mascareta

نەخوشى
....
malaltia

ئۆدا سەکنینئ
....
sala d'espera

گۆچان
....
crossa

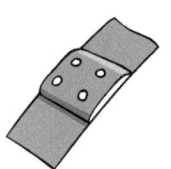

شوئل
....
tireta

پاچئ برینپئچانئ
....
embenat

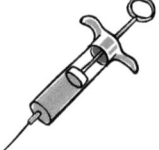

دەرزى
....
injecció

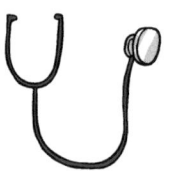

بیستۆکا پزیشکى
....
estetoscopi

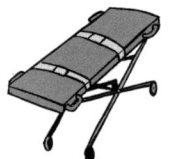

داربەست
....
llitera

تئهنپیڤا کلینیکئ
....
termòmetre clínic

زاین
....
pariment

قەلەو
....
sobrepès

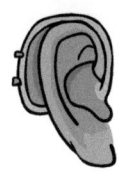

ئالیکاریا بهیستنێ
....
aparell auditiu

باکتەریکوژ
....
desinfectant

کۆتیبوون
....
infecció

ڤیرووس
....
virus

هڤ / ئادس
....
VIH / SIDA

دەرمان
....
medicina

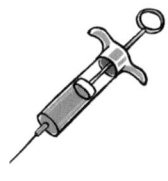

کوتان
....
vaccí

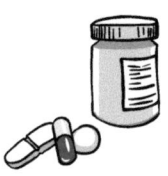

هەبان
....
comprimits

هەب
....
píl·lola

لەزگین
....
trucada d'urgència

دیمەندەرێ پەستۆ خوین
....
tensiòmetre

نەخوەش / ساخ
....
malalt / sà

ھەوار!

Socors!

ئالارم

alarma

ئێریش

assalt

ئێریشکرن

atac

تالووک

perill

دەرکەتنا ئاجل

sortida-eixida d'urgència

ئاگر!

Foc!

ئاگر ڤەمراندنێ

extintor

قەزا

accident

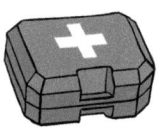

ئالەتێن ئالیکاریا یەکەم

farmaciola de primers auxilis

سۆس

SOS

پۆلیس

policia

ئەورۆپا

Europa

ئامەریکایا باکوور

Amèrica del Nord

ئامەریکایا باشوور

Amèrica del Sud

ئافریکا

Àfrica

ئاسیا

Àsia

ئاوسترالیا

Austràlia

ئاتلانتیک

Atlàntic

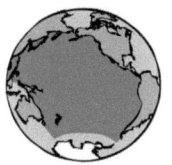

ئۆکیانووسا مەزن

Pacífic

ئۆکیانووسا هندی

Oceà Índic

ئۆکیانووسا ئانتارکتیکا

Oceà Antàrtic

ئۆکیانووسا ئارکتیک

Oceà Àrtic

جەمسەرا باکوور

pol nord

جەمسەرا باشوور

....

pol sud

ئانتارکتیکا

....

Antàrtida

ئەرد

....

terra

ئاخ

....

país

بەهر

....

mar

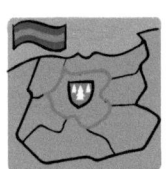

دوورگە

....

illa

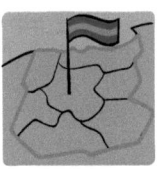

مڵلەت

....

nació

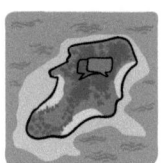

وەلات

....

estat

ساەت

rellotge

ڕوویێ ساەت

quadrant

نشاندەرکا دەمژمێر

agulla de les hores

نشاندەرکا دەقە

agulla dels minuts

نشاندەرکا سانیە

agulla dels segons

سێت چەندە؟

Quina hora és?

ڕۆژ

dia

دەم

temps

نها

ara

ساەتێ دجیتال

rellotge digital

دەقە

minut

سێت

hora

setmana

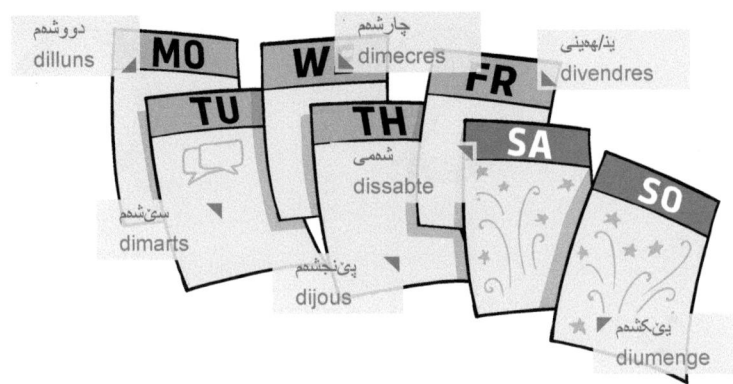

دووشەم
dilluns

چارشەم
dimecres

یذ/ھەینی
divendres

سیێشەم
dimarts

پیێنجشەم
dijous

شەمی
dissabte

یەکشەم
diumenge

دوه
....
ahir

ئیرۆ
....
avui

سبەی
....
demà

سبه
....
matí

نیڤرۆ
....
migdia

ئێڤار
....
tarda

رۆژێن کاری
....
dia feiner

داویا هەفتە
....
cap de setmana

سال

any

باران
pluja
کەسکەسۆر
arc de Sant Martí
با
vent
بەفر
neu
بهار
primavera
هاڤین
estiu
پاییز
tardor
زڤستان
hivern

4.APRIL 11°
5.APRIL 4°
6.APRIL 13°
7.APRIL 8°
8.APRIL 10°

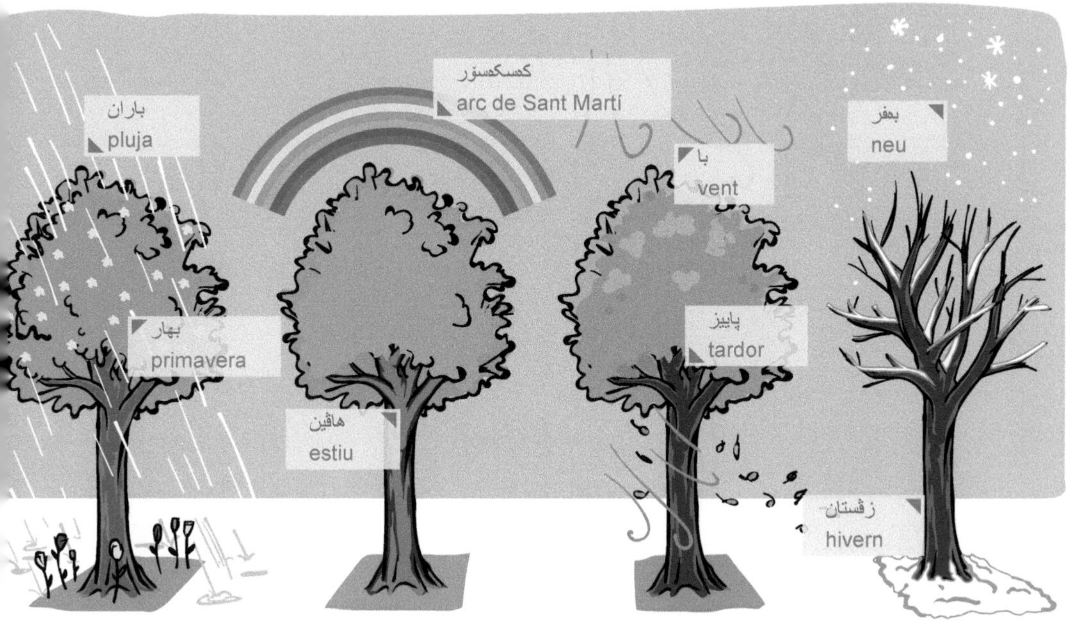

پێشبینیا هەوا

pronòstic del temps

تەهنپیڤ

termòmetre

تاڤ

llum del sol

هەور

núvol

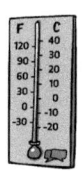

مژ

boira

هێمی

humiditat de l'aire

برق

llamp

برووسک

tro

تۆفان

tempesta

تەرگ

calamarsa

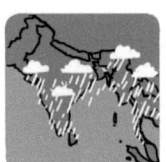

مانسوون

monsó

لەهی

inundació

جەمەد

gel

ڕێبەندان

gener

ڕەشەمە

febrer

نەورۆز

març

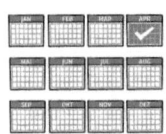

گولان

abril

جۆزەردان

maig

پووشپەڕ

juny

گەلاوێژ

juliol

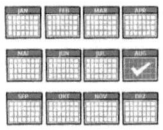

خەرمانان

agost

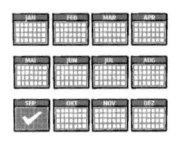

رەزبەر

setembre

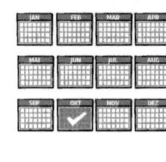

کەوچێر

octubre

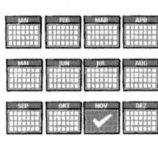

سەرماوەز

novembre

بەفرانبار

desembre

شێوە

formes

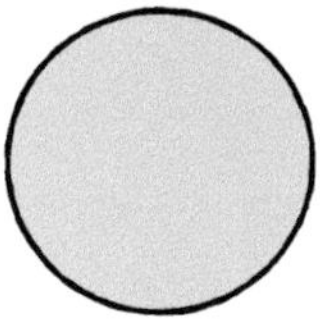

چەمبەر

cercle

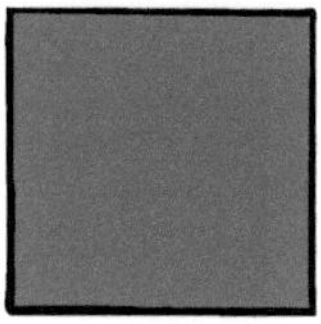

چارچک

quadrat

چارقۆزی

rectangle

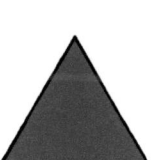

سێقۆزی

triangle

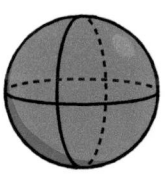

قادا

esfera

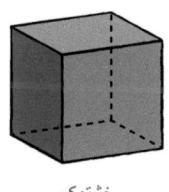

خشتەک

cub

رەنگان

colors

سپی

blanc

زەر

groc

پرتەقالی

taronja

پەمبە

rosa

سۆر

vermell

مۆر

lila

شین

blau

کەسک

verd

قەهوەیی

marró

گەور

gris

رەش

negre

بەرامبەران

oposats

زۆر / کەم
....
molt / poc

ب هێرس / بێدەنگ
....
emprenyat / tranquil

بەدەو / نەرند
....
bonic / lleig

دەستپێک / داوی
....
començament / fi

مەزن / بچووک
....
gran / petit

رۆنی / تاری
....
clar / fosc

براک / خوشک
....
germà / germana

پاگژ / گرێژ
....
net / brut

تەڤی / نەتەمام
....
complet / incomplet

رۆژ / شەڤ
....
dia / nit

مری / زندی
....
mort / viu

فره / تەنگ
....
ample / estret

خوەش / نەخوەش

comestible / immenjable

نەباش / باش

dolent / amable

ب هەیمجان / ئاجز

entusiasmat / entediat

قەلەو / زراڤ

gros / prim

یەکەمین / داوین

primer / darrer

هەڤال / دژمن

amic / enemic

تژی / ڤالا

ple / buit

رەق / نەرم

dur / tou

گران / سڤک

pesant / lleuger

برچی / تینی

gana / set

نەخوەش / ساخ

malalt / sà

نەقانوونی / قانوونی

il·legal / legal

رەوشەنبیر / بالوولە

intel·ligent / ximple

چەپ / راست

esquerra / dreta

نێزی / دوور

prop / llunyà

نوو / بکارهاتی

nou / usat

هیچ / تشتەک

res / quelcom

کال / جوان

vell / jove

ل / ژ

encès / apagat

ڤەکری / گرتی

obert / tancat

ئارام / دەنگبلند

silenciós / sorollós

دەولەمەند / رەبەن

ric / pobre

راست / شاش

correcte / incorrecte

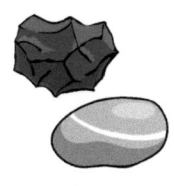

دڕ / هلوو

aspre / suau

خەمگین / شا

trist / content

کورت / درێژ

curt / llarg

هێدی / زوو

lent / ràpid

شل / زوا

humit / sec - eixut

گەرم / هێنک

calent / fred

شەڕ / ئاشتی

guerra / pau

هەژماران

nombres

0	1	2
سفر	یەک	دوو
zero	u	dos
3	4	5
سێ	چار	پێنج
tres	quatre	cinc
6	7	8
شەش	هەفت	هەشت
sis	set	vuit
9	10	11
نەه	دەه	یازدە
nou	deu	onze

12

دازده

dotze

13

سێزده

tretze

14

چارده

catorze

15

پازده

quinze

16

شازده

setze

17

هەفدە

disset

18

هەژده

divuit

19

نۆزدەه

dinou

20

بیست

vint

100

سەد

cent

1.000

هەزار

mil

1.000.000

ملیۆن

milió

زمانان

llengües

ئینگلیزی

anglès

ئنگلیزیا ئامەریکی

anglès americà

چینی ماندارین

xinès mandarí

هیٚندی

hindi

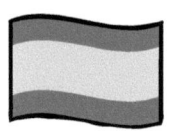

ئیسپانیۆلی

espanyol

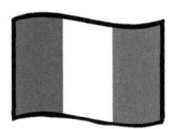

فرەنسی

francès

ئەرەبی

àrab

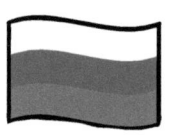

رووسی

rus

پۆرتوگالی

portuguès

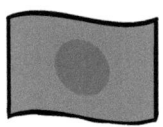

بەنگالی

bengalí

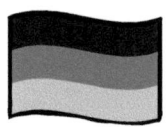

ئەلمانی

alemany

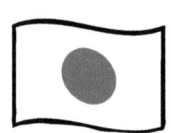

ژاپۆنی

japonès

کی / چ / چاوا
qui / què / com

من

jo

تو

tu

ئەو / ئەڤ / ئەو

ell / ella / allò

ئەم

nosaltres

تو

vosaltres

ئەو

ells

کی؟

qui?

چ؟

què?

چاوا؟

com?

کیدەری؟

on?

کەنگی؟

quan?

ناڤ

nom

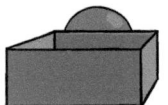

کوو

on

پشتی

darrere

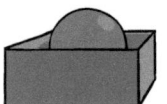

en

پێشی

davant de

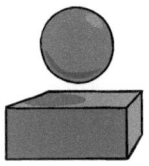

سەر

damunt

سەر

sobre

بن

sota

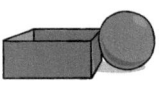

کێلەک

al costat

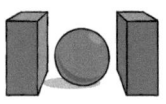

ناڤبەر

entre

جه

lloc